EDMOND ABOUT

L'ASSASSIN

COMÉDIE EN UN ACTE

PARIS

PAUL OLLENDORFF, ÉDITEUR

28 *bis*, RUE DE RICHELIEU, 28 *bis*

1882

L'ASSASSIN

COMÉDIE

Représentée pour la première fois, à Paris, sur le théâtre du Gymnase,
le 29 septembre 1882.

IMPRIMERIE GÉNÉRALE DE CHATILLON-SUR-SEINE. — JEANNE ROBERT.

L'ASSASSIN

COMÉDIE EN UN ACTE

PAR

EDMOND ABOUT

PARIS

PAUL OLLENDORFF, ÉDITEUR

28 *bis*, RUE DE RICHELIEU, 28 *bis*

—

1882

PERSONNAGES

ALFRED DUCAMP, peintre, trente ans . . . MM. F. Achard.

LECOINCHEUX, procureur du Roi, quarante

  ans . . . . Landrol.

UN BRIGADIER DE GENDARMERIE. . . . T. Seiglet.

JEAN, jardinier, vingt-cinq ans . . . . . . Revel.

MADAME PÉRARD, veuve, vingt-cinq ans . Mmes Devoyod.

ANGÉLIQUE, femme de chambre, vingt ans. Lender.

La scène se passe en 1830.

La pièce peut se jouer soit avec les costumes du temps, soit en habit de ville.

Toutes les indications sont prises du public.

L'ASSASSIN

Le théâtre représente le salon d'un petit pavillon dans la propriété de madame Pérard. — A droite, premier plan, porte d'entrée, à gauche, premier plan, porte du boudoir; dans le pan coupé, même côté, porte du petit escalier; fenêtre ouverte au fond, laissant voir la cime d'un noyer. Dans le pan coupé à droite, une cheminée. De chaque côté de la fenêtre, un dressoir chargé de vaisselle. — Au premier plan à droite, une table; entre la porte et la cheminée, une chaise, une autre chaise entre la porte et la draperie; — à gauche, premier plan, un canapé.

SCÈNE PREMIÈRE

ALFRED.

ALFRED, endormi sur le canapé et rêvant.

Mort! je suis mort! quel bonheur! Les feuilletons chantent mes louanges, mes tableaux se vendent au poids de l'or! Alfred Ducamp! Feu Ducamp! (Il chante.) Le jour de gloire est arrivé. (On frappe.) Qui va là?

VOIX, à la cantonade.

Ouvrez, monsieur! C'est moi : Angélique!

ALFRED, se levant.

Angélique! Ah! c'est vrai! ma providence en jupons.
(Criant.) Attendez!

VOIX, à la cantonade.

Mais ouvrez donc! ça presse.

ALFRED, ouvrant la porte de droite.

Bonjour, Ange... élique.

SCÈNE II

ALFRED, ANGÉLIQUE.

ANGÉLIQUE, entrant à droite, descend à l'avant-scène, même côté.

Bonjour, monsieur Philippe Roquet!

ALFRED, descend à l'avant-scène, milieu.

C'est bien! bonjour!

ANGÉLIQUE.

Comment avez-vous passé la nuit, monsieur Philippe
Roquet?

ALFRED.

Comme toutes les autres, mademoiselle Angélique. Depuis trois semaines que je dors là, mes os se sont endur-
cis au canapé.

ANGÉLIQUE.

Je vous ai donné ce que j'avais. Il est certain que vous
seriez mieux au château, dans un bon lit. Mais dans ce

pavillon, vous êtes tranquille et... ni vu, ni connu, monsieur Philippe Roquet.

Elle remonte au fond et pose son panier près du dressoir, à droite de la fenêtre.

ALFRED.

Je vous remercie, mademoiselle Angélique, et puisque c'est aujourd'hui samedi, permettez-moi de vous payer mon loyer de la semaine. (*Lui donnant de l'argent.*) Cinq louis, prix convenu.

ANGÉLIQUE, *redescend à l'avant-scène à droite d'Alfred, tendant la main.*

Oh ! ça ne presse pas, monsieur Philippe Roquet.

ALFRED.

Ma chère mademoiselle Angélique, vous avez été pleine de complaisance pour moi, mettez le comble à vos bontés : appelez-moi monsieur tout court.

ANGÉLIQUE.

Oui, monsieur Philippe Roquet. Mais à partir du jour d'aujourd'hui, je ne vous appellerai plus ni Roquet ni autrement.

ALFRED.

Par la raison ?

ANGÉLIQUE.

Par la raison que je vous donne congé tout de suite.

ALFRED, *vivement.*

Vous me chassez ?... Et pourquoi ?

ANGÉLIQUE.

Dame ! monsieur Philippe Roquet, c'est pas ma faute. Madame m'a dit à ce matin qu'elle voulait déjeuner dans le pavillon, et si elle savait que j'y ai logé un homme, c'est moi qui aurais une fière grondée !

ALFRED.

Je croyais que madame Pérard n'entrait jamais ici?

ANGÉLIQUE.

C'est vrai qu'elle n'y a pas remis les pieds depuis la mort de son défunt. Mais tout s'oublie à la longue. Il y a bien longtemps qu'elle n'en a parlé, de feu Monsieur.

ALFRED.

Et c'est dans un pareil moment que vous m'exilez d'ici?

ANGÉLIQUE.

Pardi! Vous n'en mourrez pas pour loger à l'auberge. On est mieux qu'ici, sans flatterie, et pas si cher.

ALFRED.

A l'auberge! Y songez-vous? pour que tout le monde me voie!

ANGÉLIQUE.

C'est donc vrai que vous vous cachez?

ALFRED.

Moi? Non! Pourquoi? J'irai à l'auberge, s'il le faut. Mais, Angélique, je ne la verrai plus!

ANGÉLIQUE.

Qui?

ALFRED, remonte à la fenêtre.

Elle! Je ne la verrai plus dans son jardin se promenant d'une corbeille à l'autre, froissant une fleur dans ses mains blanches, et rêvant! Hier encore, Angélique, je l'ai suivie toute une heure sans sortir d'ici. (Elle passe à droite, remet la chaise, qui était à gauche du canapé, près de la porte premier plan gauche, et passe derrière le canapé.) Elle était là-bas, dans la grande allée du fond. Elle marchait d'un air pensif, à petits pas, levant au ciel ses beaux yeux, tout chargés de mélancolie. N'est-ce pas qu'elle est belle?

ANGÉLIQUE.

Mais oui, on dit comme ça dans le pays que nous ne sommes pas mal.

ALFRED.

Pour un rien, j'aurais oublié le respect, la prudence, je serais tombé à ses pieds...

ANGÉLIQUE.

Par la fenêtre?

ALFRED.

Par la fenêtre! et je lui aurais dit...

ANGÉLIQUE, remonte près d'Alfred et le fait se retirer de la fenêtre: il va prendre une cigarette qui est sur le dressoir de gauche.

Mais ôtez-vous donc! Si Jean vous voyait!...

ALFRED.

Qui, Jean?

ANGÉLIQUE.

Jean, pardienne! il n'y en a pas deux au château. Le jardinier, mon prétendu! S'il voyait un homme avec moi!

Alfred descend au canapé et s'y assied; il fume.

JEAN, en dehors.

Angélique! qu'est-ce que tu fais dans le pavillon?

ANGÉLIQUE, par la fenêtre.

Je mets le couvert à Madame, et toi, où cours-tu donc?

JEAN.

Je vais au-devant des gendarmes.

ANGÉLIQUE.

Des gendarmes ?

JEAN.

Il vient d'en arriver plein le pays.

ANGÉLIQUE, revenant en scène, premier plan, milieu, à Alfred.

Monsieur, il y a des gendarmes plein le pays.

ALFRED.

Eh bien ! qu'est-ce que ça me fait ?

ANGÉLIQUE, descend à l'avant-scène droite.

Dame ! on ne sait jamais. Je croyais que Monsieur se cachait pour quelque chose. Quand on donne cent francs de loyer pour coucher sur un canapé...

ALFRED.

C'est qu'on a fait un mauvais coup !

ANGÉLIQUE.

Je ne dis pas ça... Cependant... il n'y a pas longtemps qu'il s'en est encore fait un, de mauvais coup, aux environs d'ici... un assassinat... rien que ça... un pauvre jeune homme... attendez !... Comment donc qu'il s'appelait ?... Ah ! Alfred Ducamp.

ALFRED.

Plaît-il ?

ANGÉLIQUE.

Il a été assassiné.

ALFRED, se lève et descend à l'avant-scène, à la droite d'Angélique.

Ah ! vous êtes sûre que ce pauvre Alfred Ducamp a été assassiné ?

ANGÉLIQUE.

A preuve que le journal l'a dit : Tenez : l'*Écho de Quevilly*...
Vous n'avez qu'à lire l'article.

Elle tire un journal de la poche de son tablier et le lui donne,
puis elle remonte au dressoir qui est au fond à droite et, pen-
dant qu'Alfred lit, elle met le couvert sur la table qui est à
droite.

ALFRED, qui est venu à l'avant-scène, milieu.

Voyons l'*Écho de Quevilly* ! (Il ouvre le journal et lit.) « Un
crime enveloppé du plus profond mystère vient de jeter
la consternation dans notre paisible arrondissement. M. Alfred Ducamp, le premier peintre de genre de la capitale, »
le premier ! diantre ! il fait bon être mort ! « a disparu depuis quinze jours sans que les recherches les plus actives
aient pu faire retrouver son cadavre ! »

ANGÉLIQUE, qui est à droite de la table.

Brrr !

Elle continue à mettre le couvert.

ALFRED.

Heureusement... « Il venait de terminer la décoration
du château de Craqueloup, qui est une des sept mer-
veilles de notre belle province. Il quitta le château le
mardi, 11, à trois heures après-midi : depuis cette époque
on n'a découvert qu'une vareuse et un béret bleus, tachés
de son sang. »

ANGÉLIQUE, qui est revenue à droite de la table

Oh !...

ALFRED.

Des goûts et des couleurs... « Par une fatale coïnci-
dence, l'un des malfaiteurs les plus dangereux, le nommé
Corbillon, venait de s'évader de la maison d'arrêt de
Rouen. On craint que ce misérable, poussé par une basse

cupidité, » il aurait été volé comme dans un bois... « n'ait
ajouté un nouveau crime à la liste déjà trop longue de
ses forfaits. La justice informe. » Connu! « En attendant,
les amis du jeune et déjà grand artiste ont recueilli les
chefs-d'œuvre épars dans son atelier et jusqu'aux
moindres ébauches de son pinceau suave et correct! »
hum! hum !... « Cette précieuse collection se vendra in-
cessamment dans une des salles de l'hôtel Bullion. Tous
les amateurs de la France et de l'étranger s'apprêtent à
couvrir d'or les derniers chefs-d'œuvre de l'infortuné Alfred Ducamp. » Bravo! en avant la musique! et vive Corbillon !

Il jette le journal sur le canapé devant lequel il est remonté.

ANGÉLIQUE, descendant à l'avant-scène droite.

Vive Corbillon ! Vous le connaissez ?

ALFRED.

Moi! pas du tout. Je ne connais que l'autre, la victime!

Chantant.

A la Monaco, l'on chasse...

ANGÉLIQUE.

Comment, monsieur! l'infortuné Ducamp était un de vos
amis?

ALFRED.

Mon meilleur !... A la Monaco...

Il la prend par les mains et la fait passer à gauche en dansant.

ANGÉLIQUE.

Et vous avez le cœur de chanter lorsqu'il est mort?

ALFRED.

Mais, naïve Angélique, la mort pour un artiste comme
nous, c'est l'aurore de la fortune et de la gloire! Le
pauvre garçon dont vous parlez n'était pas sans talent,

et depuis dix ans qu'il expose des tableaux assez coquets, il n'avait économisé que des dettes! Mon Dieu oui! vingt-deux mille francs de dettes! sans compter le terme courant! Il meurt! La Providence envoie sur son chemin un Corbillon bienfaisant! Le voilà célèbre! le voilà riche! les journalistes lui feront des articles! Le commissaire-priseur lui fera une fortune!

ANGÉLIQUE.

Mais puisqu'il est mort?

ALFRED, se dirige vers la gauche en passant devant Angelique.

Sachez, innocente Angélique, qu'un grand artiste ne meurt jamais!

ANGÉLIQUE, elle remonte à droite en passant derrière la table, va prendre la chaise qui est entre la cheminée et la porte, et descend à droite de la table.

Ah! Avec tout ça, madame l'a pleuré comme une Madeleine.

ALFRED, remonte vivement à Angélique, qui tient toujours la chaise, et la fait vivement descendre à l'avant-scène, milieu.

Madame l'a pleuré! Elle le connaissait?

ANGÉLIQUE, elle remonte à la gauche de la table, et y place la chaise.

Elle a deux tableaux de lui dans sa chambre.

Elle remonte au dressoir.

ALFRED.

Est-il vrai? Du papier! (Arrachant une feuille de son carnet.) J'en ai! Une plume! un crayon! J'en ai!

Il vient s'asseoir sur la chaise qui est à gauche de la table et bouleverse le couvert qui est devant lui.

1.

ANGÉLIQUE, *descend à droite de la table.*

Il a perdu la tête !

Elle prend la chaise qui est entre la porte de droite et la draperie,
et la met près de la table, puis remonte au dressoir.

ALFRED.

Angélique, je vous adjure de laisser un libre cours à
mon improvisation !

Écrivant.

« Madame,

« Je suis un grand criminel, puisque j'ai fait pleurer
vos beaux yeux. J'ai tué Alfred Ducamp, mais je suis prêt
à le ressusciter, s'il est vrai que vous vous intéressiez à lui.
Je vous aime. Vous êtes la beauté fatale qui enchaîne à tout
jamais le cœur de l'artiste. Accordez-moi une heure d'audience, et si je trouve grâce auprès de mon juge... »

ANGÉLIQUE, *redescend à droite de la table.*

Aurez-vous bientôt fini ?

ALFRED.

Tout de suite. Nous glisserons ce billet sous sa ser-
viette... (Il enlève la tasse pour glisser le billet.) Et... (Il se lève
avec explosion.) Deux couverts ! Est-il vrai ? je déjeunerais
avec elle ?

ANGÉLIQUE.

Oh ! que non pas ! C'est le couvert de M. Lecoincheux.

ALFRED.

Qu'appelles-tu un coincheux ?

ANGÉLIQUE.

M. Lecoincheux ? Mais c'est M. le procureur du roi !

ALFRED.

Ah ! Et il déjeune avec madame Pérard ?

ANGÉLIQUE.

Dame, oui, en attendant !

ALFRED.

En attendant quoi ?

ANGÉLIQUE.

En attendant qu'il l'épouse. C'est convenu depuis plus de six mois.

ALFRED.

Ah !

> Il laisse tomber sur la table la tasse qu'il y a prise : l'anse se casse.

ANGÉLIQUE.

Mon Dieu ! qu'est-ce que vous avez fait ?

> Elle remet le couvert en ordre.

ALFRED.

Bah ! pour une tasse décollée ! (Il remonte au dressoir de droite et y pose la tasse, puis il redescend à l'avant-scène au milieu.) Maintenant il ne me reste plus qu'à déchirer ma lettre.

> Il déchire sa lettre en deux morceaux, en jette un à terre et met l'autre dans sa poche après l'avoir froissée.

ANGÉLIQUE, qui est allée au dressoir de gauche.

Qu'est-ce qui vous prend encore ?

ALFRED.

Oh ! rien !

ANGÉLIQUE.

C'est M. Lecoincheux qui vous chagrine ?

ALFRED.

Moi ? non.

ANGÉLIQUE, regardant par la fenêtre.

Si vous voulez le connaître, le voilà qui vient par ici.

ALFRED, *remonte au fond, à gauche d'Angélique.*

En effet, avec un gendarme.

ANGÉLIQUE.

Non, monsieur, avec un brigadier.

ALFRED.

Oui, c'est un joli magistrat, l'air digne et la cravate blanche. Ah! j'en mourrai!

ANGÉLIQUE.

De quoi?

ALFRED, *se dirige vers la porte de droite.*

De plaisir, apparemment!

ANGÉLIQUE, *l'arrêtant.*

Pas par là, vous le rencontreriez!

ALFRED.

Je m'en moque!

ANGÉLIQUE.

Eh bien, et moi?

ALFRED.

Je n'ai peur de personne.

ANGÉLIQUE.

Mais on me donnera mon compte, mon bon monsieur Philippe Roquet.

ALFRED.

Tiens! c'est juste! il y avait longtemps que nous n'en avions parlé du Roquet!

ANGÉLIQUE, *allant ouvrir la porte, pan coupé à gauche.*

Par ici: l'escalier dérobé!

ALFRED, traverse la scène et s'arrête sur la porte, qu'Angélique vient
d'ouvrir.

Angélique! une commission pour ta maîtresse! la dernière!

ANGÉLIQUE, attendrie.

Donnez, monsieur Philippe Roquet.

ALFRED.

Tiens!

Il l'embrasse vivement et sort.

ANGÉLIQUE.

Eh bien! malhonnète! (Revenant derrière le canapé.) Ce
pauvre jeune homme, c'est tout cœur!

SCÈNE III

ANGÉLIQUE, JEAN, LECOINCHEUX, LE BRIGADIER.

JEAN, introduisant Lecoincheux et le brigadier.

Madame a dit comme ça que monsieur tâche de ne pas
s'ennuyer en l'attendant.

LECOINCHEUX, entre par la porte de droite, suivi du brigadier qui
lui emboîte le pas ; ils traversent tous deux la scène en passant
derrière la table et le canapé, descendent à l'avant-scène de gauche
en passant à gauche du canapé.

C'est bien! (Au brigadier.) Vous êtes sûr que vos rensei-
gnements sont exacts?

LE BRIGADIER.

Oui, monsieur le procureur du roi.

Jean et Angélique sont remontés au dressoir de droite.

LECOINCHEUX.

On a vu Corbillon rôder autour du château?

LE BRIGADIER.

Oui, monsieur le procureur du roi.

LECOINCHEUX.

Vous avez le signalement?

LE BRIGADIER.

Oui, monsieur le procureur du roi; nous en avons
deux!

LECOINCHEUX.

Comment! Deux?

LE BRIGADIER.

Signalement n° 1. Taille un mètre quatre-vingt-cinq
centimètres, âge quarante-neuf ans, cheveux blonds,
front bas, bouche grande, nez long, menton saillant, signe particulier : un haricot rouge sur le mollet gauche.
Signalement n° 2. Taille moyenne, âge trente ans, cheveux
châtains, front ordinaire, bouche ordinaire, nez ordinaire.
Signe particulier : Néant!

LECOINCHEUX.

C'est bien! Il sera facile à reconnaître. Vos hommes
sont échelonnés dans le parc?

LE BRIGADIER.

Oui, monsieur le procureur du roi.

LECOINCHEUX.

Ordonnez qu'à la moindre alerte on tire un coup de
fusil à poudre.

LE BRIGADIER.

Oui, monsieur le procureur du roi.

LECOINCHEUX.

Si l'on dit vrai, il a peut-être des intelligences dans la
place. Vous surveillerez les domestiques.

LE BRIGADIER.

Oui, monsieur le procureur du roi.

LECOINCHEUX.

Chut!
Il tend l'oreille vers la conversation de Jean et d'Angélique.

JEAN.

Je vous dis, moi, que ça n'est pas clair!
Lecoincheux remonte derrière la table.

ANGÉLIQUE.

Taisez-vous donc! puisque je vous expliquerai tout!

JEAN.

Mais enfin, qu'est-ce qu'il y a?

LECOINCHEUX, s'approchant.

Oui, qu'y a-t-il, Angélique?

ANGÉLIQUE, effrayée, se recule vers la droite en descendant un peu,
et Jean descend à l'avant-scène, au milieu.

Rien du tout, monsieur le procureur du roi; c'était Jean
qui... Dites donc qu'il n'y a rien, m'sieu Jean!

JEAN.

Je dis... je dis... c'est possible qu'y n'y a rien, et c'est
possible que si...

Lecoincheux descend à l'avant-scène, milieu, et Jean remonte au
premier plan, un peu à gauche près du canapé.

ANGÉLIQUE.

Eh bien! là! M. Jean me faisait une scène de jalousie
pour...

LECOINCHEUX.

Qui?

JEAN.

Voilà le hic!

ANGÉLIQUE.

Faut-il le dire?

JEAN.

Oui.

ANGÉLIQUE.

Eh bien!... parce que j'avais dit que M. le brigadier
était bel homme. Osez dire le contraire, monsieur Jean!

JEAN.

Je... je conviens de la chose. (Bas, à Angélique.) Mais je
nous expliquerons plus tard!

LECOINCHEUX, au brigadier, allant à lui.

Cela vous parait-il naturel?

LE BRIGADIER, se tordant la moustache.

Approximativement, monsieur le procureur du roi.

LECOINCHEUX, va s'asseoir sur le canapé, Jean et Angélique
remontent au dressoir de droite.

Brigadier, c'est vous qui sentez comme ça le tabac?

LE BRIGADIER.

De naissance, monsieur le procureur du roi.

LECOINCHEUX, sur le canapé, y saisit quelque chose.

Angélique!

ANGÉLIQUE, descendant à gauche du canapé.

Monsieur?

LECOINCHEUX.

Ce pavillon n'a pas été habité depuis la mort de M. Pérard?

ANGÉLIQUE.

Non, monsieur.

LECOINCHEUX.

Vous y êtes entrée toute seule ce matin?

ANGÉLIQUE.

Oui, monsieur.

Jean descend à l'avant-scène de droite.

LECOINCHEUX, se levant vivement.

En ce cas veuillez me dire à qui appartient ce cheveu?

JEAN, scandalisé.

Il y a un cheveu!

LECOINCHEUX.

Laissez parler l'accusée... je veux dire Angélique!

ANGÉLIQUE.

Dame! monsieur, je ne sais pas, moi... C'est peut-être encore un cheveu de défunt monsieur.

LECOINCHEUX.

Vous savez, comme nous, que le regretté M. Pérard était chauve.

JEAN.

Mais alors...

ANGÉLIQUE.

C'est qu'aussi, monsieur me demande des choses... Je ne

sais pas où j'ai la tête. Maintenant je le reconnais, monsieur, il est à moi. Si monsieur veut bien me le rendre...

LECOINCHEUX.

Les vôtres sont plus longs et plus soyeux, Angélique. Ceci est un cheveu d'homme, (Gravement.) pour ne pas dire de malfaiteur.

JEAN.

Pardi! on le voit bien, que c'est un cheveu mâle!

ANGÉLIQUE.

Vous le savez de reste, m'sieu Jean, puisqu'il est à vous.

Elle le pince et le fait passer entre elle et Lecoincheux.

JEAN.

Aïe!

LECOINCHEUX.

Qu'y a-t-il?

JEAN.

Rien, m'sieu, une crampe.

LECOINCHEUX, à Angélique, montrant du doigt la chevelure de Jean.

Ceci est noir, cela est blond!

ANGÉLIQUE.

Justement! C'est un cheveu blond que je lui ai arraché parce qu'il était blanc.

JEAN.

Mais... mais... (Angélique lui donne un coup de poing dans le dos.) C'est que c'est pourtant vrai, tout de même! Mes pauvres cheveux, je ne sais pas ce qui leur arrive, mais elle me donne tant de tintouin que je blanchis. (Bas, à Angélique.) Menteuse!

LECOINCHEUX, *sévèrement.*

Ne mentez pas à la justice. (Jean et Angélique reculent jusqu'à la droite de l'avant-scène. — Au brigadier.) Ajoutez cette pièce au dossier. (Il lui donne le cheveu. — A Jean.) Allons, mon garçon, je vous crois.

JEAN, *rassuré, revient vers le milieu ainsi qu'Angélique.*

Oh! m'sieu, c'est que c'est la vérité, dà, nous sommes à nous arracher les cheveux toute la journée, et dame! ça tombe un peu partout.

ANGÉLIQUE, *bas, à Jean.*

Bien! (Elle passe devant Jean qui remonte au fond. — Haut, avec aplomb.) Du reste, monsieur, on peut dire, sauf votre respect, que les cheveux, c'est comme l'argent, ça ne porte pas le nom de son maître.

LECOINCHEUX.

En effet. Vous me donnez une idée. Angélique!

ANGÉLIQUE.

Mons'eur?

LECOINCHEUX, *tirant un billet de banque.*

Savez-vous ce que vaut ce chiffon de papier?

ANGÉLIQUE.

Certainement, monsieur, j'en ai vu souvent à madame. C'est un billet de cent francs.

LECOINCHEUX.

J'ai besoin de changer. Pourriez-vous?... mais non... Brigadier!

LE BRIGADIER.

Oui, monsieur le procureur du roi.

LECOINCHEUX.

Allez me chercher de la monnaie. Vous donnerez dix francs pour le change.

ANGÉLIQUE.

Dix francs !

LECOINCHEUX, au brigadier négligemment.

Oui, allez !

ANGÉLIQUE.

Mais, à ce prix-là, monsieur, il n'y a pas besoin de courir si loin ! (Tirant de l'argent de sa poche.) Vingt, quarante, soixante, quatre-vingts, et deux pièces de cent sous ; le compte y est.

Jean passe au deuxième plan, un peu à gauche.

LECOINCHEUX, prenant les quatre-vingt-dix francs.

Je vois avec plaisir que vous faites des économies, Angélique !

ANGÉLIQUE, modestement.

Dame ! monsieur, l'épargne est la richesse du petit monde.

LECOINCHEUX.

Madame vous paie en or ?

ANGÉLIQUE.

Non, monsieur, non ! cet or-là ne vient pas de... n'est pas à... C'est les économies de Jean, monsieur ! Monsieur sait que nous devons nous marier ensemble, et c'est moi qui tiens la caisse.

JEAN, descend vivement entre Lecoincheux et Angélique.

Peut-on dire ! (Angélique le pince.) Mon Dieu ! oui, monsieur le procureur du roi, j'avais économisé ça en allant au cabar... non ! en n'allant pas au cabaret. C'est pourquoi mademoiselle Angélique me l'a repris. (A part.)

Menteuse, va! (Haut.) Mademoiselle Angélique me l'a repris.

ANGÉLIQUE, bas, à Jean.

Pour le porter chez le notaire.

JEAN.

Oui, m'sieu, c'est bien ça, pour l'enterrer dans la terre.

LECOINCHEUX.

Très bien! Brigadier! (Angélique et Jean se sauvent à droite et à gauche.) Vous ne vous éloignerez pas du château. Corbillon a passé par ici; il y est peut-être encore. Les dépositions de ces domestiques me donnent à penser: vous surveillerez tout le monde.

LE BRIGADIER.

Oui, monsieur le procureur du roi.

Il remonte vers la porte de droite, en passant derrière la table.

LECOINCHEUX.

J'ai recueilli des indices graves... très graves.

LE BRIGADIER, distrait par l'entrée de madame Pérard.

Oui, madame la procureur du roi.

Il sort lorsque madame Pérard est entrée.

SCÈNE IV

ANGÉLIQUE, JEAN, LECOINCHEUX, MADAME PÉRARD.

MADAME PÉRARD, descend à l'avant-scène droite, et passe à gauche en traversant la scène.

Bonjour, mon ami. Comment trouvez-vous ma belle robe?

LECOINCHEUX, avec grâce. Il est remonté au milieu entre le canapé et la table.

Très grave, belle dame, tout ce qu'il y a de plus grave !

MADAME PÉRARD.

Parlez pour vous ! (Elle rit.) C'est votre robe qui est grave et non la mienne.

LECOINCHEUX.

Pardon, belle dame, qu'est-ce que je disais ?

MADAME PÉRARD.

Ah ! je ne sais plus ! Consultez le procès-verbal !

LECOINCHEUX.

On a dressé procès-verbal ?

MADAME PÉRARD.

Vous êtes le dieu de l'ahurissement : savez-vous qui vous me rappelez ? Mon premier mari.

LECOINCHEUX, scandalisé.

Oh !

MADAME PÉRARD.

J'ai bien le droit d'en rire un peu : je l'ai pleuré dix-huit mois. Asseyons-nous.

Elle s'assied sur le canapé.

LECOINCHEUX, s'asseyant sur la chaise qu'il a prise à gauche de la table et qu'il est venu poser près du canapé.

Belle dame !

MADAME PÉRARD.

Ce pauvre M. Pérard n'avait qu'un défaut... comme vous. Il était chasseur de canards sauvages, comme vous êtes procureur du roi.

Tout en étant assis, Lecoincheux tire sa chaise vers la droite.

LECOINCHEUX, avec dignité.

Madame !

MADAME PÉRARD.

Notez que je ne prétends pas comparer la chasse à l'homme que vous poursuivez si glorieusement, et le modeste exercice qui préoccupait ce pauvre M. Pérard ; mais, si la cause différait un peu, les effets étaient exactement les mêmes. — M. Pérard m'adorait...

> Lecoincheux s'est levé et assis précipitamment pendant tout ce qui précède.

LECOINCHEUX.

Je crois que de mon côté...

> Il se trouve près de la table et toujours assis.

MADAME PÉRARD.

Pardon ! Il n'y a pas d'épingles sur votre chaise ?

LECOINCHEUX, se levant.

Non, madame, ou, s'il y en a, je m'en suis point aperçu.

> Il rapproche sa chaise du canapé.

MADAME PÉRARD.

Alors pourquoi sautez-vous en l'air à chaque mot ?

LECOINCHEUX.

C'est qu'en effet. je vous l'avouerai, le soin des intérêts sociaux qui reposent sur moi...

> Il se rassied.

MADAME PÉRARD.

Laissez-les reposer. M. Pérard. vous disais-je, m'aimait de tout son cœur, mais s'il avait été là, à mes genoux, et qu'une bande de canards eût traversé le paysage de ce côté, il aurait... (Lecoincheux se lève vivement.) Tenez ! comme vous !

LECOINCHEUX.

Mon Dieu! madame, c'est que... mes sentiments d'un
côté, mes devoirs de l'autre... Heureusement vous êtes
l'indulgence même, et votre tribunal appréciera... je veux
dire votre cœur. .

Il se rassied.

MADAME PÉRARD.

Je vous assure, mon ami, que vous n'avez pas l'air d'un
homme qui se marie dans quinze jours.

LECOINCHEUX, tendrement.

Chère Adélaïde! ne me jugez pas sur des indices trom-
peurs qui ont égaré tant de fois la prudence humaine
dans des conjectures sans fondement. Je vous aime...
comme la justice... Vous êtes une femme accomplie...
mais le devoir aussi veut être accompli. Considérez,
messieurs... non! Belle dame, voulais-je dire, devant l'é-
clat de vos grands yeux, on oublie les devoirs les plus
impérieux et les plus terribles... Ce devoir qui nous com-
mande de courir sus au coupable, de l'appréhender au
corps, (Il se lève vivement et fait un pas en avant.) de lui arracher l'aveu de son crime et de le livrer pieds et poings-
liés à la vindicte publique...

MADAME PÉRARD.

A qui en avez-vous?

LECOINCHEUX, tendrement.

A vous seule! (Il se rassied.) A vous qui me faites oublier
que je suis magistrat, parce que vous me rappelez trop
agréablement que je suis homme! Croyez-le, bien chère
Adélaïde, le plus beau jour de ma vie ne sera pas celui
où le jury de Rouen, subjugué par l'éloquence de mon
réquisitoire, m'accordera sans aucune preuve matérielle la
tête d'un accusé défendu par deux gloires du barreau de
Paris! Non! ce sera le jour où je pourrai, triomphant et

superbe, dans l'église métropolitaine de notre Normandie, (Il se lève.) vous conduire en robe blanche au pied de l'é-chaf... de l'autel...

MADAME PÉRARD.

C'est bien ! c'est bien ! (Elle se lève et descend à l'avant-scène droite. — Lecoincheux remonte au fond et sonde les murs avec sa canne.) Vous cherchez quelque chose?

LECOINCHEUX, pose sa canne et son chapeau sur le dressoir de gauche.

Non. C'est la vue de ce pavillon si plein de souvenirs...

MADAME PÉRARD.

Vous rappelez-vous la première fois que nous vous y avons reçu?

LECOINCHEUX.

Comment pourrais-je l'oublier?... Une empreinte ineffa-çable! Je venais d'être nommé substitut. J'étudiais ma première affaire, et les belles affaires sont rares de notre temps. (Ouvrant la porte de gauche.) Votre boudoir! Lieu char-mant, plein de votre image; fenêtres donnant sur la ri-vière; vingt pieds d'élévation, fond de cailloux. (Il va à la porte, pan coupé gauche.) Ici, la porte du petit escalier, la porte des amours. (Il l'ouvre.) Je la croyais fermée. (Angélique rentre et va au dressoir, droite.) Est-ce qu'elle n'est pas fermée, à l'ordinaire?

MADAME PÉRARD, remonte au premier plan, milieu.

Je ne sais. Angélique en a la clef.

LECOINCHEUX.

Ah! c'est Angélique?... (Bas, à madame Pérard.) Êtes-vous sûre d'Angélique?

MADAME PÉRARD.

Mais oui; c'est une fille dévouée.

Elle descend à l'avant-scène, gauche.

2

LECOINCHEUX.

Nous verrons bien! (A Angélique.) Voyons cette clef, Angélique? (Il essaie la clef.) Elle n'est pas rouillée. (Il ferme la porte et met la clef dans sa poche. — Se dirigeant vers la fenêtre du fond.) Et quelle vue de cette fenêtre! Voilà malheureusement un noyer qui en masque la moitié. Savez-vous, madame, que, par cette branche, on descendrait au jardin?

MADAME PÉRARD.

Oui, mais on se casserait le cou.

LECOINCHEUX, redescend à l'avant-scène, milieu.

Madame, les malfaiteurs de cette espèce ne se cassent jamais le cou. C'est pour cela qu'on le leur coupe... quand on ne leur fait pas grâce!

MADAME PÉRARD.

A qui? Aux amoureux?

LECOINCHEUX, étonné, passe à l'avant-scène, droite.

Quels amoureux?

MADAME PÉRARD.

Ah! pardon, je vous parle chinois.

ANGÉLIQUE.

Madame est servie.

MADAME PÉRARD.

Allons, monsieur le distrait, mettez-vous à table.

Elle va s'asseoir sur la chaise qui est à gauche de la table.

LECOINCHEUX, avec bonhomie.

Ma foi, madame, vous avez raison! Un homme à jeun ne vaut pas grand' chose, et je ne fais rien qui vaille depuis ce matin. (Il s'assied sur la chaise qui est à droite de la table.) Vous êtes éclatante comme la vérité.

MADAME PÉRARD.

Et plus couverte, grâce à Dieu!

LECOINCHEUX.

Très joli! très joli! J'ai connu un conseiller à la cour qui
était aussi un homme bien spirituel... mais peut-être un
peu décolleté dans son langage... Je découperai les per-
dreaux, s'il vous plaît. (A Angélique, qui lui passe le plat.) Votre
main tremble, mademoiselle.

MADAME PÉRARD, à demi-voix.

Angélique?

ANGÉLIQUE, s'approchant d'elle à sa gauche.

Madame?

MADAME PÉRARD.

Ils ne sont pas trop avancés?

ANGÉLIQUE.

Non, madame, ils sont de dimanche. C'est le garde qui
les a tués.

Elle remonte derrière la table.

LECOINCHEUX, se levant vivement.

Qui? qui? qui?

MADAME PÉRARD.

A qui en avez-vous? Le garde, mon garde, le garde de
mes bois.

LECOINCHEUX.

Ils ont tué votre garde?

MADAME PÉRARD.

Non, c'est mon garde qui les a mis à mort, et c'est vous
qui oubliez de les découper.

LECOINCHEUX.

Pardon... je...

Il se rassied.

MADAME PÉRARD.

Prenez-vous du thé?

LECOINCHEUX.

Volontiers... Il y a de la crème?

MADAME PÉRARD.

Il y en a. (A Angélique.) Donnez une tasse.

ANGÉLIQUE, prend étourdiment sur le dressoir la tasse cassée
et la pose sur la table.

Aïe!

LECOINCHEUX.

Qu'y a-t-il?

MADAME PÉRARD.

Rien... une tasse cassée. C'est vous, Angélique?...

ANGÉLIQUE.

Non, madame; c'est cassé du temps de feu Monsieur.

LECOINCHEUX, se levant.

Voyons! voyons!

ANGÉLIQUE, à part. — Elle passe au premier plan à gauche.

Vieux tatillon, va!

LECOINCHEUX, montrant la tasse à madame Pérard.

Belle dame, vous riez quelquefois quand je proclame
l'infaillibilité de la justice. La justice va vous prouver que
cette tasse a été cassée ce matin. D'abord, les cassures
sont toutes fraîches!

ANGÉLIQUE.

Oh! toutes fraîches!

JEAN, s'approchant derrière la table.

Ça, oui!

Il passe au premier plan, à droite d'Angélique.

LECOINCHEUX, se levant.

Vous remarquerez en outre que la soucoupe est parfaitement essuyée; on s'y mirerait. (Il va au dressoir de droite.) Les autres sont couvertes d'une imperceptible couche de poussière!

Madame Pérard se lève et descend à l'avant-scène, droite.

ANGÉLIQUE, passe devant Jean et vient à la gauche de Lecoincheux.

Mais, m'sieu!

LECOINCHEUX.

Avocat! (A madame Pérard.) D'où je conclus qu'on a ce matin même cassé cette tasse en l'essuyant.

JEAN, à Angélique.

Répondez à ça! répondez à ça!

ANGÉLIQUE.

Eh bien! oui, madame, c'est moi qui ai fait ce malheur-là; j'en demande bien pardon à madame.

LECOINCHEUX.

Vous vous accusez! donc ce n'est pas vous! (Remontant vers le dressoir de droite et regardant la tablette.) J'en étais sûr! Votre main, s'il vous plaît?

ANGÉLIQUE.

Ma main! pourquoi faire?

Lecoincheux la fait passer à sa droite devant le dressoir de droite.

LECOINCHEUX.

La personne qui a reposé cette tasse sur le dressoir a laissé ici l'empreinte de sa main gauche, et cette main... est celle d'un homme!

JEAN.

Sapristi !

ANGÉLIQUE, à Jean.

Eh bien ! avouez donc que c'est vous qui avez remis la tasse en place. Vous savez que c'est la vérité, m'sieu Jean.

JEAN.

Moi !

ANGÉLIQUE, le menaçant.

Oui, vous !

LECOINCHEUX.

Jean, est-ce vrai ?

JEAN.

Oui, monsieur le procureur du roi.

LECOINCHEUX.

Votre main !

ANGÉLIQUE, essuyant vivement le dressoir.

Votre main, qu'on vous dit !

LECOINCHEUX, qui a vu Angélique essuyer le dressoir.

C'est inutile.

Il redescend à l'avant-scène, milieu.

MADAME PÉRARD.

Avouez, mon ami, que voilà bien du bruit pour une tasse.

Angélique et Jean sont retournés au dressoir de droite.

LECOINCHEUX.

Belle dame, où vous ne voyez qu'une tasse, le magistrat voit une piste.

MADAME PÉRARD, piquée.

Il me semble qu'à votre place, monsieur, j'aurais autre
chose à faire en ce moment qu'à suivre des pistes.

LECOINCHEUX, suivant son idée.

Il n'y a point de crime qui puisse rester caché. Tout se
découvre à la longue. Les coupables ont beau épuiser
toutes les combinaisons de la prudence humaine ; ils se
trahissent toujours par quelque endroit. (Angélique redescend
à l'avant-scène de gauche et Jean au premier plan, entre Lecoincheux
et madame Pérard) Vous savez l'histoire de ce braconnier
qui avait assassiné un garde, au milieu d'une forêt, dans
le silence de la nuit. Il se croyait bien en sûreté contre les
recherches de la justice, mais la justice retrouva la bourre
du fusil. C'était la page d'un livre, à demi consumée ; on
courut chez lui, on trouva le livre, la page manquait. Il a
suffi, pour envoyer un homme à l'échafaud, d'un simple
morceau de papier (Apercevant la feuille déchirée par Alfred.)
comme celui-ci... (Il le ramasse, le déploie, et le lit avec agita-
tion.) L'aveu ! l'aveu écrit de la main du coupable ! (Il va à
l'avant-scène gauche et revient au milieu.) Providence ! on ne
dira plus que tu es un vain nom ! Et je serai avocat gé-
néral !... Malheureusement, il n'y en a que la moitié... (Il
s'avance vers la rampe et lit à demi-voix. — Madame Pérard, Angélique et Jean se sont approchés de Lecoincheux.) « Je suis un grand
criminel. » Cela ne peut être que l'écriture de Corbillon !...
« J'ai tué Alfred Ducamp, mais... » Il n'y a pas de mais !
tu l'as tué... « Beauté fatale qui enchaîne à tout*jamais le
» cœur... » C'est bien cela ! Il y a une femme là-dessous !
Creusez au fond d'un crime, vous êtes sûr de trouver la
femme ! « Audience ! » Qu'est-ce qu'il veut dire ? N'importe ! « Et si je trouve grâce auprès de mon... » Je vou-
drais bien voir qu'il trouvât grâce !... (Il se retourne brusque-
ment : Angélique, Jean et madame Pérard effrayés se sauvent ; Angélique à l'avant-scène gauche, madame Pérard à l'avant-scène droite

et Jean devant la cheminée.) L'autre moitié!... il me faut l'autre moitié !

ANGÉLIQUE.

Quelle moitié, monsieur?

LECOINCHEUX, premier plan milieu.

La signature.

MADAME PÉRARD.

A qui en avez-vous ?

LECOINCHEUX.

A tout le monde, madame.

MADAME PÉRARD.

A moi aussi ?

LECOINCHEUX.

Non, madame. Et pourtant, jurez-moi que vous n'avez pas le papier.

MADAME PÉRARD.

Quel papier?

LECOINCHEUX.

L'aveu du coupable !

MADAME PÉRARD.

Quel coupable ?

LECOINCHEUX.

Vous le savez mieux que moi, puisqu'il est caché ici.

MADAME PÉRARD.

Moi! j'ai un homme caché ici !

LECOINCHEUX.

Si ce n'est vous, c'est Angélique.

ANGÉLIQUE.

Moi, m'sieu! peut-on dire!

LECOINCHEUX.

Si ce n'est vous, c'est Jean.

JEAN.

Envoyez-le moi seulement, monsieur Lecoincheux, et je me charge de le cacher dans la rivière.

LECOINCHEUX, remonte prendre son chapeau et sa canne.

Pardon, madame, j'ai des mesures à prendre. Il faut que, malgré la résistance de toute votre maison, force demeure à la loi.

Il sort par la porte de droite.

MADAME PÉRARD.

Où courez-vous?

Elle sort avec lui.

SCÈNE V

JEAN, ANGÉLIQUE.

JEAN, allant chercher Angélique qui est remontée premier plan milieu, un peu à gauche, la fait descendre à l'avant-scène milieu.

Maintenant, dis-moi où il est, que je lui casse les os.

ANGÉLIQUE.

Qu'est-ce qu'il t'a fait?

JEAN.

Il m'a fait, qu'il t'a fait des choses qui ne se font pas en société.

ANGÉLIQUE.

Mais, grand nigaud! c'est l'amoureux de madame!

JEAN.

Ta parole!

ANGÉLIQUE.

Si tu ne me crois pas, entre là, (Elle va ouvrir la porte, premier plan gauche.) et ouvre les oreilles.

Jean remonte vers la porte qu'elle lui désigne, sort par cette porte, la ferme derrière lui, puis la rouvre et passe la tête.

JEAN, avec défiance.

Tu ne m'enfermeras pas à clef?

ANGÉLIQUE, le repoussant,

Non, mais entre vite : voici madame.

SCÈNE VI

MADAME PÉRARD, ANGÉLIQUE.

MADAME PÉRARD, entre par la porte de droite, passe derrière la table et descend à l'avant-scène gauche.

A-t-on jamais vu un pareil emportement! Il est fou.

ANGÉLIQUE, retire le couvert et le porte au dressoir de droite.

Non, madame, mais il est jaloux, et c'est tout comme.

MADAME PÉRARD.

M. Lecoincheux? Il ne me fera jamais tant d'honneur. D'ailleurs, je vous demande un peu, mademoiselle, de qui il pourrait être jaloux?

ANGÉLIQUE.

Pardienne ! de... Madame sait bien.

MADAME PÉRARD.

Je ne sais pas ce que vous voulez dire.

ANGÉLIQUE.

Faut croire que madame porte à la tête, car l'autre est
presque aussi fêlé.

MADAME PÉRARD.

Quel autre ?

ANGÉLIQUE.

Eh bien ! M. Philippe Roquet !... Celui qui tourne autour
de madame depuis quinze jours, en poussant des soupirs
à faire tourner les moulins.

MADAME PÉRARD, passe à l'avant-scène droite.

Ah ! oui, ce jeune homme !

ANGÉLIQUE, descend à l'avant-scène milieu.

Un bien joli jeune homme, madame !

Elle remonte au dressoir de droite.

MADAME PÉRARD.

Que nous importe ?

ANGÉLIQUE, redescend à l'avant-scène milieu.

Pardon, madame, mais puisque les affaires s'embrouil-
lent, il faut que madame sache tout.

MADAME PÉRARD, sèchement.

Il y a donc des choses que je ne sais pas ?

ANGÉLIQUE.

Madame est si bonne qu'elle m'excusera. Mais il était si
malheureux, il avait si bonne envie d'admirer madame...

de loin ! Et comme en ce temps-là, le pavillon ne servait
à personne, j'ai pris sur moi de le loger ici.

MADAME PÉRARD, remonte à la chaise à gauche de la table.

Vous auriez pu demander la permission.

ANGÉLIQUE.

Madame aurait été obligée de me la refuser, tandis que,
venant de moi, la chose ne compromettait personne. Madame ne l'a jamais aperçu ?

MADAME PÉRARD, s'assied.

Au moins vous auriez dû lui dire de se mieux cacher.
Il passait la journée à la fenêtre et l'on ne pouvait faire
un pas dans la grande allée sans apercevoir sa figure entre les rideaux.

ANGÉLIQUE, qui est remontée derrière la table.

Ça, c'est de l'indiscrétion. Mais pouvait-on prévoir que
madame se promènerait tous les jours dans cette vilaine
allée où elle ne va jamais?

MADAME PÉRARD.

Angélique!

ANGÉLIQUE.

Madame m'excusera! mais ces malheurs-là n'arrivent
qu'à moi. C'est comme un fait exprès.

MADAME PÉRARD, se lève et descend à l'avant-scène, à gauche.

Taisez-vous! Votre légèreté peut avoir des conséquences
fatales. Il ne faudrait rien de plus pour faire manquer un
mariage, ennuyeux sans doute, mais convenable à tous
les points de vue, honorable' même, et décidé depuis
longtemps.

ANGÉLIQUE, descendant à l'avant-scène, au milieu.

Ah ben! madame, si ce mari-là vous manquait, il ne

faudrait pas aller bien loin pour en trouver un plus jeune
et un plus joli.

MADAME PÉRARD.

Laissez-moi! vous me rompez la tête.

ANGÉLIQUE, remonte derrière la table.

J' m'en vas, madame. C'est égal... un plus jeune et un
plus joli!...

Elle sort par la porte de droite.

SCÈNE VII

MADAME PÉRARD, JEAN caché, ALFRED.

MADAME PÉRARD, mélancoliquement assise sur le canapé.

Le monde est un étrange pays. On suit machinalement
une route battue, une ornière tracée. On rencontre à droite
ou à gauche quelques sentiers couverts où l'ombre et la
fraicheur vous appellent. Mais non : l'usage, les conve-
nances, la régularité de l'ordre établi, tout nous défend
d'entrer dans ces chemins de traverse. Et cependant le
bonheur est peut-être au bout.

JEAN, entr'ouvrant la porte de gauche, premier plan.

Qu'est-ce qu'elle fait donc là toute seule? Ah! elle se
gratte les yeux avec son mouchoir.

ALFRED, en dehors.

Qu'on nous ferme la porte au nez,
Nous entrerons par la fenêtre !

MADAME PÉRARD.

Qu'est-ce encore?

JEAN, sortant de sa cachette.

Où diable est-il perché cet oiseau-là? Bon! dans le noyer! (Madame Pérard se lève et se dirige vers la fenêtre; Jean se cache derrière le canapé et se relève aussitôt que madame Pérard l'a dépassé.) Décidément, c'est pour madame et j'en ai assez vu.

Il rentre dans sa cachette.

MADAME PÉRARD, près de la fenêtre.

Non! non! je vous le défends! vous allez vous tuer.

ALFRED, au dehors.

Donnez-moi la main, alors?

MADAME PÉRARD.

Y songez-vous, monsieur?

ALFRED.

Je ne songe même qu'à cela! En avant, à la grâce de Dieu!

Il entre par la fenêtre. — Coup de feu au dehors.

MADAME PÉRARD, redescendant jusque derrière le canapé, du côté droit.

Ah!

ALFRED, courant à elle.

Pardon, madame; je vous ai fait peur?

MADAME PÉRARD.

Vous n'êtes pas blessé? Quelle folie!

ALFRED.

C'était le seul chemin qui ne fût pas gardé. Il y a des gendarmes dans toutes les plates-bandes.

MADAME PÉRARD, descendant à l'avant-scène à gauche.

Et vous n'avez pas eu peur?

ALFRED, premier plan au milieu.

Au contraire! hier, quand j'étais ici tout seul à vous admirer, quand vous vous promeniez là-bas toute seule, quand il n'y avait personne entre nous pour m'empêcher de vous dire : « Je vous aime! », une absurde timidité m'enchaînait dans mon coin. Maintenant que le monde entier s'efforce de nous séparer, ce déploiement de force armée, ces obstacles, ces ennemis, ces tricornes m'ont donné du courage, et me voici, madame, à vos genoux.

Se mettant à genoux aux pieds de madame Pérard.

MADAME PÉRARD.

Y songez-vous, monsieur? Mais je vous en prie! vous me perdez! On peut venir!

ALFRED.

Qu'ils viennent tous! que l'univers entier soit témoin de notre amour!

Il se relève.

MADAME PÉRARD.

De notre amour? En vérité, monsieur, je vous admire! Vous ne me connaissez pas, je ne vous connais point, vous tombez ici comme un aérolithe, et dès le premier mot, vous parlez de notre amour, comme si nous avions gardé ensemble les moutons de Florian.

ALFRED.

Je ne vous connais pas, dites-vous? Je ne vous connais pas? Eh bien! je vais vous dire ce que vous êtes. Vous êtes l'idéal, c'est-à-dire l'assemblage miraculeux de toutes les perfections que la nature a disséminées dans les êtres, et que l'art s'efforce de réunir. Vous êtes la majesté jointe à la grâce, la beauté plastique animée de tous les pétille-ments de l'esprit. Vous êtes l'invraisemblable dans la per-fection, l'oiseau qui fleurit, la fleur qui chante.

MADAME PÉRARD, passe devant lui et gagne l'avant-scène de droite.

Voilà mon état civil bien établi, comme dirait l'autre. Et vous, monsieur, me ferez-vous l'honneur de me dire qui vous êtes?...

ALFRED, à l'avant-scène, au milieu.

Moi, madame? Oh! pas grand'chose! Je suis l'imprévu! C'est moi qu'on attend, lorsqu'on n'attend personne. C'est moi qui entre dans la maison lorsqu'on oublie de fermer la porte ou la fenêtre. On ne me connait pas, et pourtant on me reconnait, comme si l'on m'avait déjà rencontré au coin d'un bois, ou d'un rêve. Du reste, trente ans, peu d'argent, énormément d'avenir, médiocrement d'esprit, et du cœur à tout casser. (Montrant la tasse qui est sur le dressoir.) Tenez! voilà mon ouvrage de ce matin!

MADAME PÉRARD, vient à l'avant-scène au milieu, à droite d'Alfred.

J'espère, monsieur, que vous vous en tiendrez là, et que vous ne ferez pas d'autres ravages. L'accueil que je vous ai fait vous prouve que je ne suis pas trop provinciale pour une femme de province, mais vous vous tromperiez de tout si vous me preniez pour une héroïne de roman. Si je vous disais que vous me faites horreur et que je vous déteste à première vue, je mentirais assurément; mais si vous supposez qu'il a suffi d'un regard en coulisse et de quelques mots bien dits pour me tourner la tête, je serais la première à rire de votre fatuité... Je ne suis pas libre, monsieur!

ALFRED, avec épouvante.

Mariée!

MADAME PÉRARD.

Non, mais engagée assez publiquement pour qu'une rupture soit impossible. Personne n'ignore à dix lieues à

la ronde que j'ai promis ma main à un homme de bien,
assez riche et fort considéré.

ALFRED.

M. Lecoincheux?

MADAME PÉRARD.

Vous l'avez dit : M. Lecoincheux. Ce nom-là vous fait
sourire, parce que vos oreilles n'y sont pas faites, mais
si vous étiez de notre province, vous l'écouteriez avec respect, parce qu'il vous rappellerait dix générations de
vertus privées et publiques, d'honneur sans tache et de
courage civil. Vous n'avez pas la prétention de croire que
je romprai un mariage très honorable et tout fait pour
courir les aventures avec un chevalier de l'imprévu!

ALFRED,

En effet, pauvre femme! vous êtes condamnée pour la
vie à patauger mélancoliquement dans le prévu.

MADAME PÉRARD.

Je ne dois songer qu'à ma réputation compromise par
votre présence, et perdue si quelqu'un vous trouvait ici...

LECOINCHEUX, dans la coulisse.

Gardez toutes les issues !

MADAME PÉRARD.

Que vous ai-je dit? Fuyez!
Elle court à la porte de droite et pousse le verrou.

ALFRED.

Par ici?
Il court à la porte de gauche, pan coupé.

MADAME PÉRARD.

Non ! c'est fermé !

ALFRED, allant à la fenêtre.

Par la fenêtre alors, je connais ce chemin-là.

MADAME PÉRARD.

Vous vous tuerez, malheureux !

ALFRED.

Ma vie pour vous !

MADAME PÉRARD.

Entrez là, je le veux ! (Elle indique la petite porte de gauche premier plan. — Alfred sort.) Merci.

Elle met la clé dans sa poche.

SCÈNE VIII

MADAME PÉRARD, LECOINCHEUX.

LECOINCHEUX, dans la coulisse.

Ouvrez, au nom de la loi !

MADAME PÉRARD, lui ouvrant.

J'ouvre au nom de l'amitié ; mais en vérité, monsieur, votre jalousie a des allures un peu trop solennelles.

Elle descend s'asseoir sur le canapé et prend le journal qu'Alfred y avait jeté.

LECOINCHEUX, entre, suivi du brigadier qui reste sur la porte.

Brigadier ! vous resterez en bas, et vous garderez la porte. Deux hommes de renfort, et ne vous éloignez sous aucun prétexte ! (Le brigadier sort ; à part, regardant la porte de gauche, premier plan.) Il est là !

MADAME PÉRARD.

Asseyez-vous.

LECOINCHEUX, premier plan, milieu.

Vous lisiez, madame?

MADAME PÉRARD.

Vous voyez.

LECOINCHEUX.

Quelque chose de bien intéressant?

MADAME PÉRARD.

Mais oui, un compte rendu de l'Académie des sciences.

LECOINCHEUX.

Il faut que la science vous préoccupe violemment. On a tiré un coup de fusil sous vos fenêtres. Je l'ai entendu d'un quart de lieue, moi qui ne lisais pas de journal, et vous ne vous êtes aperçue de rien.

MADAME PÉRARD, négligemment.

Est-ce que la chasse est déjà ouverte?

LECOINCHEUX.

Les battues sont permises en tout temps contre les animaux nuisibles.

MADAME PÉRARD.

En tout temps et en tout lieu?

LECOINCHEUX.

Oui, madame, et même dans votre boudoir.

MADAME PÉRARD, émue.

Chez moi?

LECOINCHEUX, indiquant la porte de gauche.

Là!

MADAME PÉRARD, se lève et passe derrière le canapé.

Vous oubliez, monsieur, que vous n'êtes pas encore mon mari.

LECOINCHEUX.

Il s'agit bien de mariage ! Ce n'est pas le mari, c'est le magistrat qui vous demande cette clé.

MADAME PÉRARD.

Raison de plus pour que je vous la refuse ! On pourrait avoir des complaisances pour la jalousie, même absurde, d'un amant ; mais lorsqu'on n'est coupable de rien, on serait bien sotte d'obéir aux fantaisies de la justice.

LECOINCHEUX.

Prenez garde, madame ! vous vous placez sous le coup de l'article 641 du Code pénal.

MADAME PÉRARD.

Prenez garde, monsieur ! vous encourez les peines portées par l'article premier du code amoureux.

LECOINCHEUX.

En un mot, comme en deux, madame, un homme est caché là !

MADAME PÉRARD.

Vous n'en savez rien, monsieur. Et quand il m'aurait plu d'y enfermer quelqu'un, vous n'auriez pas le droit d'ouvrir la porte.

LECOINCHEUX.

C'est trop fort !

Il va à la cheminée et tire le cordon de sonnette.

MADAME PÉRARD.

Que faites-vous ?

LECOINCHEUX, *descend à l'avant-scène droite.*

Vous pensez bien, madame, que je n'enfoncerai pas cette porte moi-même.

SCÈNE IX

LES MÊMES, ANGÉLIQUE.

ANGÉLIQUE, entrant par la porte de droite, va à madame Pérard.

Madame a sonné?

LECOINCHEUX.

Angélique, priez le brigadier de monter ici avec deux hommes.

ANGÉLIQUE.

Ah! mon Dieu!

Elle se dirige vers la porte de droite.

MADAME PÉRARD.

Je vous défends d'y aller, Angélique.

ANGÉLIQUE.

Ah! mon Dieu!

Elle revient vers madame Pérard.

LECOINCHEUX.

Au nom de la loi, allez!

ANGÉLIQUE, se dirige de nouveau vers la porte.

Oui, monsieur.

MADAME PÉRARD.

Je vous chasse, si vous obéissez!

ANGÉLIQUE.

Ah!

Elle revient à madame Pérard.

3.

LECOINCHEUX.

Je vous fais mettre en prison, si vous n'obéissez pas !

Angélique se sauve en courant.

SCÈNE X

LECOINCHEUX, MADAME PÉRARD, puis LE BRIGADIER
et DEUX GENDARMES.

MADAME PÉRARD.

Il suffit, monsieur. (Elle vient à Lecoincheux qui est remonté premier plan milieu, un peu à droite.) Voici la clef. (Elle passe devant Lecoincheux puis descend avant-scène droite.) Mais je vous déclare que si vous ouvrez cette porte, tout est fini entre nous.

LECOINCHEUX.

Quand vous connaîtrez mieux le dossier de l'homme qui est caché là, vous me remercierez de vous avoir sauvée malgré vous.

Il s'avance vers la porte de gauche, premier plan.

MADAME PÉRARD.

Et moi, je vous dis, monsieur, qu'un jeune homme si charmant est incapable d'une délicatesse.

LECOINCHEUX.

Voilà les femmes !... (Entrent le brigadier et les deux gendarmes.) Gardez les issues. (S'approchant de la porte, la clé à la main.) Allons !

LE BRIGADIER, premier plan milieu.

Monsieur le procureur du roi, on dit qu'il est armé.

LECOINCHEUX.

Le devoir avant tout! (Ouvrant.) Au nom de la loi, je vous arrête! (Étonné.) Mais c'est Jean!

Jean entre par la porte et descend à l'avant-scène, milieu.

SCÈNE XI

LES MÊMES, JEAN.

LE BRIGADIER.

Oui, monsieur le procureur du roi.

MADAME PÉRARD, stupéfaite.

Jean!

LECOINCHEUX.

Jean n'était pas seul!

Le brigadier sort par la porte, premier plan, gauche.

JEAN.

Oh! ne vous donnez pas la peine! Il est loin s'il nage toujours.

LECOINCHEUX, descend à l'avant-scène, gauche.

Qui?

JEAN.

Dame! l'autre, le Monsieur à Madame.

MADAME PÉRARD, scandalisée.

Jean!

JEAN.

En v'là un drôle de pistolet! et qui tient à la vie comme à une pièce de six liards'... Quand il a entendu tout le ramage que vous faisiez ici, il s'est mis à faire les grands bras jusqu'au plafond. « Non! qu'il disait, non! faut pas qu'elle soit compromise! je sauterai plutôt à la rivière! » Moi qui connais la Sorgue, j'y ai dit que l'eau était maligne comme tout, avec un courant de chien et des tourbillons d'enfer; sans compter vingt pieds de muraille à descendre et pas d'échelle! Ah! ben ouiche! « L'honneur de madame Pérard, qu'il dit, ça vaut bien la vie d'un homme. » Oh! il n'a fait ni une ni deux. Mais ces Parisiens, ça nage comme des poissons.

LE BRIGADIER, qui sort du boudoir, descend à l'avant-scène, gauche.

Aucune trace d'évasion.

JEAN.

Je le crois ben! Il a sauté tout de go, en plein milieu de la rivière. Quand je reverrai ce monsieur-là, j'y ferai mes excuses, rapport aux idées que j'avais sur lui.

LECOINCHEUX.

Quelles idées?

Il remonte vers le fond.

JEAN.

Rien, rapport à mademoiselle Angélique! (Il se dirige vers la gauche.) Mais maintenant je sais que c'est à madame qu'il en avait! Et la preuve! (Tirant un carnet de sa poche.) Voilà pour vous, madame : la commission est payée...

LECOINCHEUX, interceptant le carnet en redescendant à l'avant-scène, milieu.

C'est lui qui vous a chargé?

JEAN.

Oui, monsieur le procureur du roi. « Si je meurs, qui dit, dit-il, tu donneras ça à madame en lui disant : Ça vient d'un gars qui avait un sentiment pour vous. »

MADAME PÉRARD, émue, étendant la main pour prendre le carnet.

Pauvre jeune homme!

LECOINCHEUX.

Pardon, madame. C'est une pièce de conviction. La justice ne doit pas s'en dessaisir.

MADAME PÉRARD.

Eh! monsieur, ne voyez-vous pas que votre prétendu malfaiteur est le plus loyal, le plus délicat, le plus héroïque de tous les hommes?

LECOINCHEUX.

C'est un voleur et un assassin, vous dis-je.

JEAN.

Lui! voleur! Il m'a donné vingt francs!

LECOINCHEUX.

Remettez-les moi.

JEAN.

Ah! ben, merci! J'aime mieux les voleurs que la justice, moi!

LECOINCHEUX.

Est-ce qu'un honnête garçon comme vous garderait les présents de Corbillon?

JEAN.

Corbillon! c'est Corbillon! Ah! canaille! Ah! scélérat! Et il m'a donné vingt francs, pour qu'on me les reprenne! (Il fait semblant de les donner à Lecoincheux et les remet dans sa poche.) Mais je sais où il est! j'ai vu le chemin qu'il a pris! je vas vous le rendre, mon bon magistrat! Et ça osait faire l'œil à madame!

LECOINCHEUX, aux deux gendarmes. — Il est remonté au premier
plan, milieu.

Montez à cheval; que l'un de vous prenne ce garçon en
croupe! (Jean se recule et se cogne au brigadier, qui le repousse et
le renvoie à Lecoincheux, qui le pousse vers les gendarmes qui sont de
chaque côté de la porte de droite, lesquels le prennent par les épaules
et sortent avec lui.) Brigadier, vous resterez ici.

SCÈNE XII

LECOINCHEUX, MADAME PÉRARD, LE BRIGADIER.

LECOINCHEUX, qui est redescendu à l'avant-scène, milieu.

Et, maintenant, madame, permettez-moi de vous dire
que vous avez méconnu mes sentiments. Malgré la froi-
deur apparente qui m'est imposée, je porte ici un cœur
de flamme, qui brûle exclusivement pour vous. Mais je
n'avais pas le droit de condescendre à une faiblesse qui,
excusable chez vous, eût été lâche et criminelle chez moi.
Vous avez pu vous tromper sur l'identité d'un coupable,
n'étant qu'une simple femme, pourvue de toutes les
grâces, mais affligée de toutes les débilités de votre sexe.
Quant à moi, je devais à la société, qui m'a investi des
fonctions les plus redoutables, de fermer l'oreille à la voix
de votre cœur et du mien. S'il vous faut des preuves, en
voici : le carnet que ce Corbillon a eu l'effronterie de vous
offrir porte les initiales de sa dernière victime! C'est le
fruit du meurtre! *fructus homicidii.* Lisez : A. D.

MADAME PÉRARD.

Alexandre Dumas?

LECOINCHEUX.

Alfred Ducamp! Ce carnet est peut-être tout ce qui

reste aujourd'hui d'un artiste immortel, dont les tableaux, que j'avoue n'avoir jamais vus, feront la gloire de notre époque et l'admiration de la postérité!

MADAME PÉRARD.

Monsieur, il n'y a pas de preuves plus fortes que l'instinct d'une femme, vous aurez beau dire, et votre conduite est d'un homme féroce!

LECOINCHEUX.

Madame!

MADAME PÉRARD, se rapproche de Lecoincheux.

Vous ne m'avez jamais aimée. Si vous aviez eu seulement de la considération pour moi, vous n'auriez pas fait un tel esclandre dans ma maison!

LECOINCHEUX, se recule vers le brigadier.

Madame!

MADAME PÉRARD.

Et si vous m'aviez aimée, comme vous le dites, vous m'auriez accordé au moins la grâce de ce malheureux!

LECOINCHEUX .

Mais, madame, au nom du ciel! je ne suis pas le roi, pour faire grâce!

MADAME PÉRARD.

Mais il est innocent! mon cœur me le dit!

LECOINCHEUX.

Madame, le cœur est un juge, ou plutôt un juré qui se trompe souvent!

MADAME PÉRARD, qui est remontée un peu au-dessus de
Lecoincheux.

Eh bien! je l'aime, entendez-vous ? autant que je vous déteste! Oui; il m'a fait éprouver en quelques minutes

des sensations délicieuses, dont ni vous, ni M. Pérard ne
m'aviez donné la moindre idée. Mais, je vous en préviens,
si son innocence est reconnue, je le venge de vous, je le
console de ses tortures, je l'épouse!

Elle sort.

LECOINCHEUX.

Madame!

SCÈNE XIII

LECOINCHEUX, LE BRIGADIER.

LECOINCHEUX. Il tombe dans les bras du brigadier.

Madame... Partie!... Allons, brigadier, à nous deux !

LE BRIGADIER.

Oui, monsieur le procureur du roi !

LECOINCHEUX.

Il pose le carnet sur la table et redescend près du brigadier.

Oh ! les femmes!

LE BRIGADIER.

Oh! les femmes !

LECOINCHEUX.

A nous deux, mon pauvre brigadier!

LE BRIGADIER, essuyant une larme.

Oui, monsieur le procureur du roi.

LECOINCHEUX.

Il faut que la justice ait son cours. Ah! l'homme n'est
pas ici-bas pour son plaisir !

LE BRIGADIER.

Non, monsieur le procureur du roi...

LECOINCHEUX.

L'ingrate!... Tandis que vos hommes battent le pays, vous ferez une reconnaissance aux environs du château, ce château où tous mes rêves de bonheur!... mais n'importe. Il faut explorer les bords de la rivière, fouiller jusqu'au moindre buisson. Est-il possible de méconnaître ainsi le cœur d'un homme? Si vous parvenez à mettre la main sur cet infàme Corbillon, vous ne l'amènerez pas chez madame Pérard... car je l'aime.

LE BRIGADIER.

Corbillon? monsieur le procureur du roi.

LECOINCHEUX.

Oui, si vous vous emparez de Corbillon, vous le conduirez à la mairie du village... car je lui dois des égards.

LE BRIGADIER.

A Corbillon?

LECOINCHEUX.

Eh! non, à madame Pérard... Il doit avoir descendu le courant, car la Sorgue est rapide. Croyez-vous qu'un nageur puisse la remonter?

LE BRIGADIER.

Non, monsieur le procureur du roi.

LECOINCHEUX.

Après tout, ces emportements prouvent encore la bonté de son cœur. La bonté est le plus bel apanage d'une femme.

LE BRIGADIER.

Oui, monsieur le procureur du roi.

LECOINCHEUX.

Je ne vous demande pas votre avis !... Tout me porte à
croire qu'il aura pris terre à proximité du parc, à un kilo-
mètre tout au plus... il faudra chercher sur le sable de la
rive la trace de ses jolis petits pieds.

LE BRIGADIER.

Les jolis petits pieds de Corbillon ?

LECOINCHEUX.

Mais non ! de madame Pérard. Soyez ferme, brigadier,
soyez énergique, mais pas de violence.

LE BRIGADIER.

Oh ! monsieur le procureur du roi ! avec une dame !

LECOINCHEUX.

Qu'est-ce qui vous a parlé d'une dame ? c'est de Corbillon qu'il s'agit. Qui aurait cru qu'un homme de ma robe
se trouverait pris entre son devoir et son bonheur ? Allez,
exécutez mes ordres.

VOIX, au dehors.

Il est pris, l'assassin ! le voilà ! monsieur le procureur du
roi !

Lecoincheux et le brigadier remontent au fond.

LECOINCHEUX, à la fenêtre

Du calme, mes amis. La loi sera satisfaite et l'humanité
vengée.

Il redescend au premier plan, milieu, et le brigadier à l'avant-scène
gauche devant le canapé.

JEAN, dans la coulisse.

C'est moi qui l'ai pris !

SCÈNE XIV

LECOINCHEUX, ALFRED, JEAN, Le Brigadier,
Gendarmes.

ALFRED, très animé, aux gendarmes qui le tiennent.
Il descend à l'avant-scène droite, devant la table.

Eh! lâchez-moi, que diable! Je suis assez grand po ur
marcher tout seul. (A Lecoincheux.) Monsieur... c'est bien à
monsieur Lecoincheux que j'ai l'honneur de parler? Monsieur, j'aime à croire que vous êtes prêt à me rendre raison de votre conduite?

LECOINCHEUX.

C'est à vous à rendre compte de la vôtre.

ALFRED.

Pardon! pardon! Trop de solennité nuit. Si vous êtes
d'humeur à parler longtemps sur ce ton-là, allons nous
battre tout de suite.

LECOINCHEUX.

Je ne vous conseille pas de simuler la folie.

SCÈNE XV

Les Mêmes, MADAME PÉRARD.

MADAME PÉRARD, qui est entrée avec Angélique derrière les gendarmes, est descendue à l'avant-scène gauche ainsi qu'Angélique.

Un duel ici! chez moi?... (A Alfred.) Monsieur, je vous
en supplie...

LECOINCHEUX.

Ne craignez rien, madame. (A Alfred s'asseyant derrière la table.) Vos nom, prénom et qualités?

ALFRED.

Mon nom ne fait rien à l'affaire...

MADAME PÉRARD.

Quoi ! monsieur, vous ne pouvez pas dire votre nom ?

ALFRED.

Pardonnez-moi, madame, mon nom n'est pas en mon pouvoir. Il est engagé pour des raisons à moi connues, et que je vous exposerai plus tard, je vous le jure. Disons, si vous voulez, que je l'ai mis au mont de piété pour une vingtaine de mille francs.

MADAME PÉRARD, à part.

Il a des dettes ! Un artiste! Pauvre garçon !

LECOINCHEUX.

Je sais tous vos noms, car vous en avez plusieurs, Philippe Roquet !

ALFRED.

Puisque vous les savez, pourquoi les demandez-vous ?

LECOINCHEUX.

Votre domicile?

MADAME PÉRARD.

Eh ! monsieur, laissez cet interrogatoire ridicule qui ne peut vous mener à rien. Vous voyez bien que monsieur a des raisons pour ne pas vous répondre. Je les comprends sans qu'il les dise, moi, je ne suis qu'une femme, et je vous réponds de son innocence.

ALFRED.

Merci, madame, votre confiance ne se trompe pas.
Il va prendre la main de madame Pérard.

LECOINCHEUX, se levant.

Gendarmes, empêchez que l'accusé ne communique
avec le dehors. (Les gendarmes viennent prendre Alfred et le ra-
mènent à droite, premier plan, à droite de la table, le brigadier ra-
mène madame Pérard à gauche, en lui disant : (Sans violence,
madame, sans violence) ; Lecoincheux se rassied. — A Alfred.)
Reconnaissez-vous cette écriture?
Il lui donne le fragment de billet.

ALFRED.

Oui, monsieur, c'est la mienne. Après?

LECOINCHEUX.

Après un tel aveu, toutes vos réticences et vos dénéga-
tions deviennent inutiles. Philippe Roquet, vous vous ap-
peliez Croquemiche en 1814; Bouffe-la-Balle en 1817;
en 1823 vous avez été condamné sous le nom de Fil-de-
Soie; il y a quatre mois vous avez été écroué à la prison
de Rouen, sous le nom de Corbillon.

ALFRED.

Moi? (A madame Pérard.) Je vous supplie de croire...

LECOINCHEUX.

Vous êtes accusé d'avoir, dans la journée du mardi
11 courant, assassiné l'illustre et malheureux Alfred Ducamp.

ALFRED, part d'un grand éclat de rire et saute en s'appuyant sur
la table.

Ah! ah! ah! mais c'est donc vrai?

LECOINCHEUX.

Cette tenue est indécente et ne peut qu'aggraver votre

situation. Avez-vous quelque chose à répondre à l'accusa-
tion que j'ai formulée?

ALFRED.

Moi! rien qu'un mot. (A part.) Ah! mais non! et la vente
de mes tableaux! (Haut.) Attendez quelques jours, et sur-
tout ne vous hâtez point de me faire couper la tête, car
vous le regretteriez, ma parole d'honneur.

MADAME PÉRARD.

Ces explications ne vous suffisent pas, monsieur?

LECOINCHEUX, se lève.

Accusé Corbillon, je ne veux, contre vous, invoquer que
vous-même. Écoutez l'aveu tracé par la main qui a com-
mis le crime. Le voici, cet aveu, dont vous avez vous-
même reconnu et constaté devant témoins la parfaite au-
thenticité : « J'ai tué Alfred Ducamp. » Il l'a tué! il a ravi
à la France, à l'Europe, à l'humanité, non pas un homme
obscur, un modeste travailleur, un ouvrier des champs,
mais une gloire de notre pays et, si j'osais le dire, une
étoile radieuse de notre ciel artistique! (Lecoincheux a étendu
la main ; Alfred la saisit, et, d'un ton ironique : Merci ! Lecoincheux la
secoue d'un air scandalisé.) Et dans quel moment l'a-t-il tué?
Est-ce à la fin d'une carrière longue et remplie, lorsque
l'arbre épuisé de sève ne pouvait plus porter de fruits?
Non, il a moissonné dans sa fleur de trente ans cette jeu-
nesse et cette gloire! Dira-t-on qu'il a épargné à sa victime les tortures lentes de la misère, qui font expier trop
souvent à nos artistes les premières lueurs de la célébrité?
Non, car la fortune, qui aime les jeunes gens, suivait
Alfred Ducamp dans sa course victorieuse et commençait
à dorer les roues de son char triomphal. Une main pieuse
a recueilli les moindres ébauches du peintre immortel et
la vente de ses derniers coups de pinceau a réalisé en
quelques heures le total de cent vingt-sept mille francs!

ALFRED.

Est-ce vrai? Votre parole d'honneur?

LECOINCHEUX.

Un total de cent vingt-sept mille francs.

ALFRED.

Mais alors, mon cher monsieur, ma mort passe à l'état de superfluité. Je ressuscite! Je vis!

Chantant.

Je suis lui-même,
Le grand Alfred Ducamp!

MADAME PÉRARD.

Dieu!

Elle s'évanouit dans les bras du brigadier qui la pose sur le canapé.

ALFRED.

Madame!

LECOINCHEUX, descend au premier plan, milieu, à droite du brigadier.

Brigadier! prodiguez vos soins à madame Pérard! (A Alfred.) Quant à vous, n'essayez point de vous parer du nom de votre victime.

ALFRED.

Mais voici mon passe-port! un peu mouillé, c'est vrai.

LECOINCHEUX.

Les dépouilles de votre victime! (Ramassant un papier qui est tombé de la poche d'Alfred.) Et ce papier! il manquait au dossier! le complément de ses aveux. (Il rapproche les fragments et lit à voix basse.) Diable! serait-il possible que vous fussiez le grand artiste!

ALFRED.

Grand : c'est beaucoup dire, mais pour artiste, voilà! (*Il esquisse au crayon une charge de Lecoincheux.*) Vous trouvez-vous ressemblant?

LECOINCHEUX.

Je le garde, monsieur, trop heureux d'emporter ce souvenir d'une maison où ma présence, je le crains, sera désormais superflue.

Il fait passer madame Pérard entre lui et Alfred.

MADAME PÉRARD, *lui tendant la main.*

Nous sommes assez riches pour nous donner le luxe d'un ami.

LECOINCHEUX, *embrassant la main de madame Pérard.*

Pardonnez-moi mes vivacités, monsieur; elles me coûtent assez cher. C'est égal, vous êtes bien heureux d'être tombé sur un magistrat français! Je connais plus d'un pays où la justice n'aurait pas l'esprit de reconnaître son tort.

LE BRIGADIER.

Oui, monsieur le procureur du roi.

FIN

Imprimerie générale de Châtillon-sur-Seine. — J. Robert.